DOSYE REKEN YO

REKEN MAKO YO

Pa Julie K. Lundgren
Jean-Pierre Gaston

Yon Liv Crabtree Plantules

TAB DE KONTNI

Crabtree Publishing
crabtreebooks.com

Sipò Lekòl A Kay Pou Moun Kap Bay Swen Ak Pwofesè Yo

Liv sa ede timoun yo grandi lespri yo nan kite yo pratike lekti. Men kèk kesyon kap ede lektè yo bati konpreyansyon konpetans yo. Epons posib yo parèt an wouj.

Anvan Lekti:

- De kisa mwen panse liv sa ap pale?
    - *Mwen panse ke liv sa se sou reken mako yo.*
    - *Mwen panse ke liv sa se sou sa reken mako yo renmen manje.*

- Kisa mwen vle aprann sou sijè sa?
    - *Mwen vle aprann ki kote reken mako yo ap viv.*
    - *Mwen vle aprann konbyen dan reken mako yo genyen.*

Pandan Lekti:

- Mwen mande poukisa...
    - *Mwen mande poukisa reken mako yo gen nen pwenti.*
    - *Mwen mande poukisa nenpòt moun ka panse ke li fè plezi pou atrape yon reken mako.*

- Kisa mwen te aprann jiskaprezan?
    - *Mwen te aprann ke reken mako yo gen kò long, ko dous, ak ko ki gen fòs.*
    - *Mwen te aprann ke yo naje vit ampil.*

Aprè lekti:

- Ki detay mwen te aprann sou sijè sa?
    - *Mwen te aprann ke reken mako lachas praw vit tankou ton ak pwason espadon.*
    - *Mwen te aprann ke reken mako ka sote pou rive nan manje.*

- Li liv la ankò epi chèche mo vokabilè yo.
    - *Mwen wè mo **tòpiyè** yo nan paj 13, ak mo ki **an danje** nan paj 21 la. Lòt mo glosè yo nan paj 22 ak 23.*

REKEN MAKO YO

Fè konesans ak reken ki pi rapid nan mond lan.

Kò reken mako yo
bati pou vitès.

SA KI SOTI NAN DOSYE YO

Yo naje apeprè 10 fwa pi vit pase moun ki naje pi rapid yo.

Yo gen kò swa ki gen ampil fòs.

SA KI SOTI NAN DOSYE YO

Nen pwente yo koupe dlo a.

Yo ka naje atravè yon **lanmè** antye.

Yo lachas **praw** ki vit tankou ton yo, **pwason nepe yo**, ak lòt reken!

ton
pwason nepe

Reken Mako yo ka sote wo pou yo atrape manje.

SA KI SOTI NAN DOSYE YO

Gen moun ki rele yo **tòpiyè** ak **dan**.

Dan yo long ak byen file.

Moun kenbe yo pou plezi ak manje.

Konbyen makos ki
nan lanmè nou an?
Nou pa konnen.

Nou bezwen aprann plis sou chasè rapid sa yo.

SA KI SOTI NAN DOSYE YO

Reken Mako yo **an danje**.

GLOSÈ

an danje: Bèt ki an danje yo se bèt ki an danje pou yo disparèt.

dan: Dan yo blan, ti pati zo nan yon bouch ke yo itilize pou mòde ak moulen.

lanmè: Lanmè yo se gwo kò dlo sale kote anpil bèt ap viv.

prwa: Praw se nenpòt bèt yon lòt bèt chase pou manje.

pwason nepe: Pwason nepe yo se gwo pwason ki gen nen long ak pwenti.

tòpiyè: Tòpiyè yo rapid, misil swa yo lanse anba dlo.

Endèks

Sou Otè A

Julie K. Lundgren

Julie K. Lundgren te grandi tou pre Lak Siperyè kote li te revele ke li te konn jwe nan forè yo, ranmase frèz yo, ak agrandi koleksyon wòch li yo. Enterè li mennen li nan pran yon degre nan byoloji. Li rete nan Minnesota ak fanmi li.

Websites

www.dkfindout.com/us/animals-and-nature/fish/mako-shark
https://easyscienceforkids.com/all-about-sharks

Crabtree Publishing

crabtreebooks.com 800-387-7650

Ekri pa: Julie K. Lundgren
Ki fèt pa: Jennifer Dydyk
Editè pa: Kelli Hicks
Korektè: Janine Deschenes
Tradui pa: Jean-Pierre Gaston

Photographs: Shark illustration on cover logo © BATKA/ Shutterstock; white shark illustration for “FROM THE FILES” © Dashikka/Shutterstock; Cover © Alessandro De Maddalena/ Shutterstock.com; page 3 © wildestanimal / Shutterstock.com; page 5 © Martin Prochazkacz/Shutterstock.com; page 6 © Martin Prochazkacz/Shutterstock.com; page 7 © wildestanimal/ Shutterstock.com; page 9 © Martin Prochazkacz/Shutterstock.com; page 11 tuna © Shane Gross/Shutterstock.com, swordfish © SVITO-Time/Shutterstock.com; pages 13, 17 and 19 © Alessandro De Maddalena/Shutterstock.com; page 15 © saulty72/Shutterstock.com; page 21 © saulty72/Shutterstock.com; page 23 torpedo © Ilya Shulika/Shutterstock.com

Published in Canada
Crabtree Publishing
616 Welland Avenue
St. Catharines, Ontario
L2M 5V6

Published in the United States
Crabtree Publishing
347 Fifth Avenue
Suite 1402-145
New York, NY 10016

Paperback 978-1-0396-2318-7
Ebook (pdf) 978-1-0396-2324-8
Epub 978-1-0396-2330-9

Library and Archives Canada Cataloguing in Publication
Available at the Library and Archives Canada

Library of Congress Cataloging-in-Publication Data
Available at the Library of Congress

Printed in Canada/032024/CP20240322